D1928733

Vom Buchladen
„Kleiner Drachen"
für Weihnachten 2000

FRIEDRICH NIETZSCHE

Man muß seine Augen auch hinten im Kopfe haben

Zahlreiche Ratschläge,
das Leben zu bewältigen

Mit Zeichnungen von
Luis Murschetz

Carl Hanser Verlag

ISBN 3-446-19888-1

Umschlagentwurf: Claus Seitz, unter Verwendung
einer Zeichnung von Luis Murschetz
Satz: Satz für Satz. Barbara Reischmann, Leutkirch
Druck und Bindung:
Frühmorgen & Holzmann, München
Printed in Germany

Mensch

Der Irrtum hat aus Tieren Menschen gemacht; sollte die Wahrheit imstande sein, aus dem Menschen wieder ein Tier zu machen?

Je gründlicher jemand das Leben versteht, desto weniger wird er spotten, nur daß er zuletzt vielleicht noch über die »Gründlichkeit seines Verstehens« spottet.

Grad und Art der Geschlechtlichkeit eines Menschen reicht bis in den letzten Gipfel seines Geistes hinauf.

Der Unterleib ist der Grund dafür, daß der Mensch sich nicht so leicht für einen Gott hält.

Ich fürchte, die Tiere betrachten den Menschen als ein Wesen ihresgleichen, das in höchst gefährlicher Weise den gesunden Tierverstand verloren hat.

Liegt nicht im Kopf das, was die Menschen verbindet – das Verständnis für gemeinsamen Nutzen und Nachteil –, und im Herzen das, was sie trennt – das blinde Auswählen und Zutappen in Liebe und Haß.

Menschliches

Wo immer ich gehe, folgt mir ein Hund namens Ego.

Wer unter Menschen rein bleiben will, muß verstehen, sich auch mit schmutzigem Wasser zu waschen.

Klugen Menschen glaubt man ihre Torheiten nicht: welche Einbuße an Menschenrechten!

Man bricht das Bein selten, solange man im Leben mühsam aufwärts steigt – aber wenn man anfängt, es sich leicht zu machen und die bequemen Wege zu wählen.

Auch die Seele muß ihre Kloaken haben, wohin sie ihren Unrat abfließen läßt: dazu dienen Personen, Verhältnisse, Stände oder das Vaterland oder die Welt oder endlich – für die ganz Hoffärtigen (ich meine unsere lieben modernen »Pessimisten«) der liebe Gott.

Charakter

Wenige Motive, energisches Handeln und gutes Gewissen machen das aus, was man Charakterstärke nennt.

Man sagt mit großer Auszeichnung: das ist ein Charakter! – ja! Wenn er grobe Konsequenz zeigt, wenn die Konsequenz auch dem stumpfen Auge einleuchtet!

Charaktervoll erscheint ein Mensch weit häufiger, weil er immer seinem Temperament, als weil er immer seinen Prinzipien folgt.

Unser Charakter wird noch mehr durch den Mangel gewisser Erlebnisse als durch das, was man erlebt, bestimmt.

Die gewöhnlichste Lüge ist die, mit der man sich selbst belügt; das Belügen anderer ist relativ der Ausnahmefall.

Nächstenliebe

Wenn die Neugier nicht wäre, würde wenig für das Wohl des Nächsten getan werden. Aber die Neugier schleicht sich unter dem Namen der Pflicht oder des Mitleids in das Haus des Unglücklichen und Bedürftigen. – Vielleicht ist selbst an der vielberühmten Mutterliebe ein gut Stück Neugier.

»Unser Nächster ist nicht unser Nachbar, sondern dessen Nachbar« – so denkt jedes Volk.

Der moderne Mensch

Die Formen, Farben, Produkte und Kuriositäten aller Zeiten und aller Zonen häuft der Deutsche um sich auf und bringt dadurch jene moderne Jahrmarkts-Buntheit hervor, die seine Gelehrten nun wiederum als das »Moderne an sich« zu betrachten und zu formulieren haben; er selbst bleibt ruhig in diesem Tumult aller Stile sitzen.

Bei der ungeheuren Beschleunigung des Lebens wird Geist und Auge an ein halbes oder falsches Sehen und Urteilen gewöhnt, und jedermann gleicht den Reisenden, welche Land und Volk von der Eisenbahn aus kennenlernen.

Wer das Gewissen des heutigen Europäers prüft, wird aus tausend moralischen Falten und Verstecken immer den gleichen Imperativ herauszuziehen haben, den Imperativ der Herden-Furchtsamkeit: »Wir wollen, daß es irgendwann einmal nichts mehr zu fürchten gibt!« Irgendwann einmal – der Wille und Weg dorthin heißt heute in Europa überall der »Fortschritt«.

Der vornehme Mensch

Sich nicht auf den Handel verstehen, ist vornehm. – Seine Tugend nur zum höchsten Preis verkaufen oder gar mit ihr Wucher treiben, als Lehrer, Beamter, Künstler – macht aus Genie und Begabung eine Krämer-Angelegenheit. Mit seiner Weisheit soll man nun einmal nicht klug sein wollen.

Auch der vornehme Mensch hilft dem Unglücklichen, aber nicht oder fast nicht aus Mitleid, sondern mehr aus einem Drang, den der Überfluß von Macht erzeugt.

Die vornehmen Naturen, die nicht zu leben wissen, ohne zu verehren, sind selten.

»Von Ohngefähr« – das ist der älteste Adel der Welt.

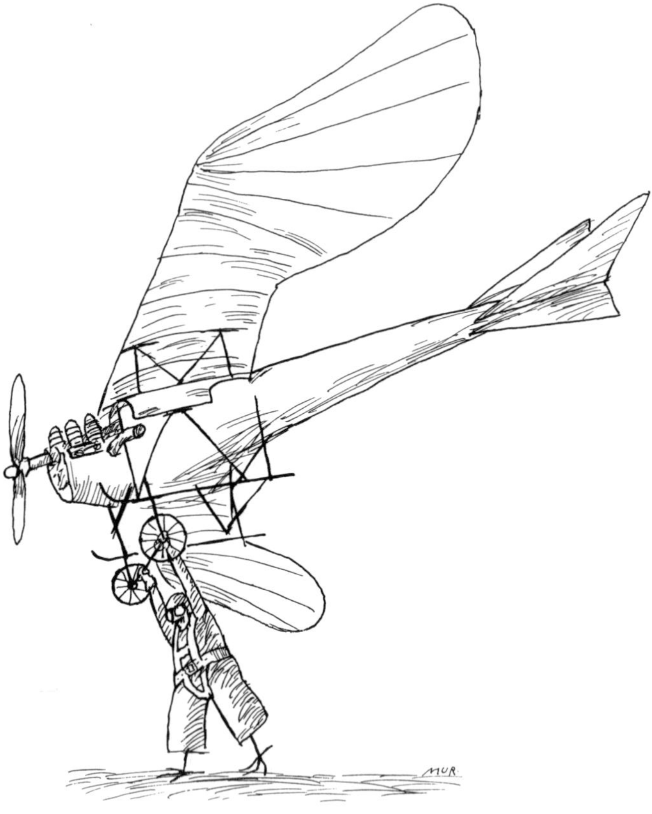
MUR.

Genies

Die stillsten Worte sind es, welche den Sturm bringen. Gedanken, die mit Taubenfüßen kommen, lenken die Welt.

Zu den größten Wirkungen der Menschen, welche man Genies und Heilige nennt, gehört es, daß sie sich Interpreten erzwingen, welche sie zum Heile der Menschheit *mißverstehen.*

Sich überflüssig machen – das ist der Ruhm aller Großen.

Es ist sehr selten, daß eine höhere Natur so viel Vernunft übrig behält, um Alltagsmenschen als solche zu verstehen und zu behandeln.

Suchst du Menschen mit schöner Kultur? Aber dann mußt du dir, wie wenn du schöne Gegenden suchst, auch beschränkte Aussichten und Ansichten gefallen lassen.

Alle guten Dinge haben etwas Lässiges und liegen wie Kühe auf der Wiese.

Liebe

Man liebt zuletzt seine Begierde, und nicht das Begehrte.

Über zwei Personen habe ich nie gründlich nachgedacht: Es ist das Zeugnis meiner Liebe zu ihnen.

Immer noch hilft gegen die Liebe in den meisten Fällen jenes alte Radikalmittel: die Gegenliebe.

Jener ist hohl und will voll werden, dieser ist überfüllt und will sich ausleeren – beide treibt es, sich ein Individuum zu suchen, das ihnen dazu dient. Und diesen Vorgang, im höchsten Sinne verstanden, nennt man beidemal in einem Wort: Liebe.

Die Leidenschaft läßt, wenn sie vorüber ist, eine dunkle Sehnsucht nach sich selber zurück und wirft im Verschwinden noch einen verführerischen Blick zu.

Freundschaft

Übrigens ist die Gabe, gute Freunde zu haben, in manchem Menschen viel größer als die Gabe, ein guter Freund zu sein.

Mitfreude, nicht mitleiden, macht den Freund.

Sei wenigstens mein Feind – so spricht die wahre Ehrfurcht, die nicht um Freundschaft zu bitten wagt.

Der Mensch der Erkenntnis muß nicht nur seine Feinde lieben, sondern auch seine Freunde hassen können.

Man umarmt aus Menschenliebe bisweilen einen Beliebigen (weil man nicht alle umarmen kann): aber gerade *das* darf man dem Beliebigen nicht verraten …

Lebenslauf

Wir meinen, das Märchen und das Spiel gehöre zur Kindheit: wir Kurzsichtigen! Als ob wir in irgendeinem Lebensalter ohne Märchen und Spiele leben möchten! Wir nennen's und empfinden's freilich anders, aber gerade dies spricht dafür, daß es dasselbe ist – denn auch das Kind empfindet das Spiel als seine Arbeit und das Märchen als seine Wahrheit.

Ein Jüngling kann nicht begreifen, daß ein Älterer seine Entzückungen, Gefühls-Morgenröten, Gedanken-Wendungen, und -Aufschwünge auch einmal durchlebt habe (...) – aber ganz feindselig stimmt es ihn zu hören, daß, um fruchtbar zu werden, er jene Blüten verlieren, ihren Duft entbehren müsse.

Welt

Der unbefangenste Astronom selber kann die Erde ohne Leben kaum anders empfinden als wie den leuchtenden und schwebenden Grabhügel der Menschheit.

Die Erde (...) hat eine Haut; und diese Haut hat Krankheiten. Eine dieser Krankheiten heißt (...) Mensch.

Drei Viertel alles Bösen, das in der Welt getan wird, geschieht aus Furchtsamkeit. Der Grad der Furchtsamkeit ist ein Gradmesser der Intelligenz: und sich oft der blinden Wut überlassen das Zeichen davon, daß die Tierheit noch ganz nah ist und sich wieder durchsetzen möchte.

Jugend und Alter

Der Tiefsinn gehört der Jugend, der Klarsinn dem Alter zu: wenn trotzdem alte Männer mitunter in der Art der Tiefsinnigen reden und schreiben, so tun sie es aus Eitelkeit, in dem Glauben, daß sie damit den Reiz des Jugendlichen, Schwärmerischen, Werdenden, Ahnungs- und Hoffnungsvollen annehmen.

Mit dreißig Jahren ist man, im Sinne hoher Kultur ein Anfänger, ein Kind.

Es ist mit den Menschen wie mit den Kohlenmeilern im Wald. Erst wenn die jungen Menschen ausgeglüht haben und verkohlt sind gleich jenen, dann werden sie nützlich. Solange sie dampfen und rauchen, sind sie vielleicht interessanter, aber unnütz.

Mann und Männlichkeit

Gegen die Männerkrankheit der Selbstverachtung hilft es am sichersten, von einem klugen Weib geliebt zu werden.

Daraus, daß einer »ein großer Mann« ist, darf man noch nicht schließen, daß er ein Mann ist; vielleicht ist es ein Knabe, oder ein Chamäleon aller Lebensalter, oder ein verhextes Weiblein.

Unfruchtbarkeit disponiert zu einer gewissen Männlichkeit des Geschmacks; der Mann ist nämlich, mit Verlaub, »das unfruchtbare Tier«.

Lebenskunst

Einige Stunden Bergsteigen machen aus einem Schuft und einem Heiligen zwei ziemlich gleiche Geschöpfe. Die Ermüdung ist der kürzeste Weg zur Gleichheit und Brüderlichkeit.

Lachen heißt: schadenfroh sein, aber mit gutem Gewissen.

Eine gute Haltung zu Pferd stiehlt dem Gegner den Mut, dem Zuschauer das Herz – wozu (...) erst noch angreifen? Sitze wie einer, der gesiegt hat.

Sehr klugen Personen fängt man an zu mißtrauen, wenn sie verlegen werden.

Nichts teilen wir so gern an andere mit, als das Siegel der Verschwiegenheit – samt dem, was darunter ist.

Man leidet wenig an versagten Wünschen, wenn man seine Phantasie geübt hat, die Vergangenheit zu verhäßlichen.

Wer sich völlig gegen die Langeweile verschanzt, verschanzt sich auch gegen sich selber.

MUR

Tugend und Laster

Wenn die Tugend geschlafen hat, wird sie frischer aufstehen.

Die Mutter der Ausschweifung ist nicht die Freude, sondern die Freudlosigkeit.

Meine Furcht ist groß, daß der moderne Mensch für einige Laster einfach zu bequem ist: so daß diese geradezu aussterben. Alles Böse, das vom starken Willen bedingt ist – und vielleicht gibt es nichts Böses ohne Willensstärke – entartet, in unserer lauen Luft, zur Tugend …

Jede Tugend hat ihre Zeit. – (…) die Unbeugsamkeit ist die Tugend eines anderen Zeitalters als die Redlichkeit.

Verbrecher und Richter

Unser Verbrechen gegen Verbrecher besteht darin, daß wir sie wie Schufte behandeln.

Weil man ein Gesetzbuch anerkennt, meint man jetzt auch, sich als Richter gebärden zu müssen.

Ein seltsames Ding, unsere Strafe! Sie reinigt nicht den Verbrecher, sie ist kein Abbüßen: im Gegenteil, sie beschmutzt mehr als das Verbrechen selber.

Der gestraft wird, ist nicht mehr der, welcher die Tat getan hat. Er ist immer der Sündenbock.

Sieh dir jeden genau an, der anklagt und inquiriert – er enthüllt dabei seinen Charakter: und zwar nicht selten einen schlechteren Charakter als das Opfer hat, hinter dessen Verbrechen er her ist.

Gerechtigkeit

Die schrecklichsten Leiden sind (...) aus dem Gerechtigkeitstrieb ohne Urteilskraft über die Menschen gekommen.

Richten ist soviel als ungerecht sein. Dies gilt auch, wenn das Individuum über sich selbst richtet. Der Satz ist so hell wie das Sonnenlicht und doch geht hier jedermann lieber in den Schatten.

Warum überschätzt man die Liebe zuungunsten der Gerechtigkeit und sagt die schönsten Dinge von ihr, als ob sie ein viel höheres Wesen als jene sei? Ist sie denn nicht ersichtlich dümmer als jene? – Gewiß, aber gerade deshalb um so viel angenehmer für alle.

Selbstaufhebung der Gerechtigkeit: man weiß, mit welch schönem Namen sie sich nennt – Gnade; sie bleibt, wie sich von selbst versteht, das Vorrecht des Mächtigsten, besser noch, sein Jenseits des Rechts.

Moral

Der Moralität geht der Zwang voraus, ja sie selber ist noch eine Zeitlang Zwang, dem man sich, zur Vermeidung der Unlust, fügt. Später wird sie Sitte, noch später freier Gehorsam, endlich beinahe Instinkt: Dann ist sie wie alles lang Gewöhnte und Natürliche mit Lust verknüpft – und heißt nun Tugend.

Handlungen, an denen das Grundmotiv, das der Nützlichkeit, vergessen worden ist, heißen dann moralische.

Es gibt ein fortwährendes Umwandeln und Arbeiten an der Moral – das bewirken die Verbrechen mit glücklichem Ausgang (wozu zum Beispiel alle Neuerungen des moralischen Denkens gehören).

Moralität ist ein Herdeninstinkt im Einzelnen.

Es gibt gar keine moralischen Phänomene, sondern nur eine moralische Ausdeutung von Phänomenen …

Erziehung und Bildung

Das Schulwesen wird in großen Staaten immer höchst mittelmäßig sein, aus dem selben Grund, aus dem in großen Küchen bestenfalls mittelmäßig gekocht wird.

Das Individuum wird von seinen Erziehern behandelt, als ob es zwar etwas Neues sei, aber eine Wiederholung werden solle.

Man verdirbt einen Jüngling am sichersten wenn man ihn anleitet, den Gleichdenkenden höher zu achten als den Andersdenkenden.

Die Erziehung ist eine Fortsetzung der Zeugung und oft eine Art nachträglicher Beschönigung derselben.

Zuletzt kann niemand aus den Dingen, die Bücher eingerechnet, mehr heraushören, als er bereits weiß.

Rede und Widerrede

Man widerspricht oft einer Meinung, während uns eigentlich nur der Ton, mit dem sie vorgetragen wurde, unsympathisch ist.

Die für beide Parteien unangenehmste Art, eine Polemik zu erwidern, ist sich ärgern und schweigen: denn der Angreifende erklärt sich das Schweigen gewöhnlich als Zeichen der Verachtung.

Mancher wirft seinen schlechten Argumenten noch ein Stück seiner Persönlichkeit hintennach, wie als ob jene dadurch richtiger ihre Bahn laufen würden und sich in gerade und gute Argumente verwandeln ließen; ganz wie die Kegelschieber auch nach dem Wurf noch mit Gebärden und Schwenkungen der Kugel die Richtung zu geben suchen.

Um zu messen, wie fein oder wie schwachsinnig von Natur auch die gescheitesten Köpfe sind, gebe man darauf acht, wie sie die Meinungen ihrer Gegner auffassen und wiedergeben: Dabei verrät sich das natürliche Maß jedes Intellektes. Der eine sucht einen Geburtshelfer für seine Gedanken, der andere einen, dem er helfen kann: So entsteht ein gutes Gespräch.

Maximen

Man soll (...) über die letzte Sprosse der Leiter wohl hinausschauen, aber nicht auf ihr stehen wollen.

An die dumme Stirn gehört, als Argument, von Rechts wegen die geballte Faust.

Wenn man keinen guten Vater hat, so soll man sich einen anschaffen.

Alltagsmaßstab. – Man wird selten irren, wenn man extreme Handlungen auf Eitelkeit, mittelmäßige auf Gewöhnung und kleinliche auf Furcht zurückführt.

Besser noch bös getan, als klein gedacht.

Wie die Pflicht Glanz bekommt (...): Halte immer etwas mehr als du versprichst.

Unsere Pflichten – das sind die Rechte anderer auf uns.

Ich will nicht, daß man mir etwas nachmache; ich will, daß jeder sich etwas vormache.

Wenn man klug ist, tut man am besten, weise zu sein.

Religion und Glaube

Zwar hat der Glaube bisher noch keine wirklichen Berge versetzen können, (...) aber er vermag Berge dorthin zu setzen, wo keine sind.

Sobald eine Religion herrscht, hat sie alle die zu ihren Gegnern, welche ihre ersten Jünger gewesen wären.

Es ist nicht genug an Religion in der Welt, um die Religionen auch nur zu vernichten.

In jeder Religion ist der religiöse Mensch eine Ausnahme.

Alle Religionen sind auf dem untersten Grund Systeme von Grausamkeiten.

Angewöhnung geistiger Grundsätze ohne Gründe nennt man Glauben.

Der »Glaube« als Imperativ ist das Veto gegen die Wissenschaft – in praxi die Lüge um jeden Preis ...

MUK

Macht

Wenn der Mensch im Gefühl der Macht ist, so fühlt und nennt er sich gut: und gerade dann fühlen und nennen ihn die anderen, an denen er seine Macht auslassen muß, böse!

Die erste Wirkung des Glücks ist das Gefühl der Macht: Diese will sich äußern (...) Die gewöhnlichsten Arten, sich zu äußern, sind: Beschenken, Verspotten, Vernichten.

Geld

Die drei großen Feinde der Unabhängigkeit sind die Habenichtse, die Reichen und die Parteien.

Unsere Zeit verträgt nur eine einzige Gattung von Reichen, solche, welche sich ihres Reichtums schämen. Hört man von jemandem »er ist sehr reich«, so hat man (...) sich gewaltsam seiner Humanität [zu] erinnern, um mit einem solchen Reichen so verkehren zu können, daß er von unserem Ekelgefühl nichts merkt.

Die Geschäfte manches Reichen und Vornehmen sind seine Art *Ausruhens* von allzu langem gewohnheitsmäßigem *Müßiggang*.

Der Hang zum Luxus geht in die Tiefe eines Menschen: Er verrät, daß das Überflüssige und Unmäßige das Wasser ist, in dem seine Seele am liebsten schwimmt.

Bewusstsein

Wir leugnen, daß irgend etwas vollkommen gemacht werden kann, solange es noch bewußt gemacht wird.

Ein Traum, ewig wiederholt, [würde] durchaus als Wirklichkeit empfunden und beurteilt werden.

Die längsten Zeiten hindurch hat man bewußtes Denken als das Denken überhaupt betrachtet: Jetzt erst dämmert uns die Wahrheit auf, daß der allergrößte Teil unseres geistigen Wirkens uns unbewußt, ungefühlt verläuft.

Der Philosoph

Der Philosoph hat das schlechte Gewissen seiner Zeit zu sein – dazu muß er deren bestes Wissen haben.

Kann ein Esel tragisch sein? – Daß man unter einer Last zugrunde geht, die man weder tragen, noch abwerfen kann? …
Der Fall des Philosophen.

Die Natur schießt den Philosophen wie einen Pfeil in die Menschen hinein, sie zielt nicht, aber sie hofft, daß der Pfeil irgendwo hängen bleiben wird.

Nachdem ich lange genug den Philosophen zwischen den Zeilen und auf die Finger gesehen habe, sage ich mir: Man muß noch den größten Teil des bewußten Denkens unter die Instinkt-Tätigkeiten rechnen.

Pessimismus

Es ist die tiefe argwöhnische Furcht vor einem unheilbaren Pessimismus, der ganze Jahrtausende zwingt, sich mit den Zähnen in eine religiöse Interpretation des Daseins zu verbeißen: die Furcht jenes Instinktes, welcher ahnt, daß man der Wahrheit zu früh habhaft werden könnte, ehe der Mensch stark genug, hart genug, Künstler genug geworden ist …

Der Pessimismus, (…) so ansteckend er ist, vermehrt trotzdem nicht die Krankhaftigkeit einer Zeit, eines Geschlechts im ganzen: Er ist deren Ausdruck.

Gibt es einen Pessimismus der Stärke? (…) Gibt es vielleicht ein Leiden an der Überfülle selbst? Eine versucherische Tapferkeit des schärfsten Blicks, die (…) lernen will, was »das Fürchten« ist?

Einsamkeit

Es ist das schrecklichste Gegenmittel gegen ungewöhnliche Menschen, sie dergestalt tief in sich hineinzutreiben, daß ihr Wiederherauskommen jedesmal ein vulkanischer Ausbruch wird.

[Es gibt] Menschen, welche so aus Glut und Geist »zusammengeknetet« sind, daß sie kaum irgendwo die Luft kalt und schneidend genug für sich finden.

Ich lebe auf meinen eigenen Kredit hin, es ist vielleicht bloß ein Vorurteil, daß ich lebe? ...
Ich brauche nur irgendeinen »Gebildeten« zu sprechen, der im Sommer ins Oberengadin kommt, um mich zu überzeugen, daß ich nicht lebe ...

Licht bin ich: ach, daß ich Nacht wäre! Aber dies ist meine Einsamkeit, daß ich von Licht umgürtet bin.

Tod

Ich friere so; Strümpfe, viele Strümpfe!

A: »Du entfernst dich immer schneller von den Lebenden: Bald werden sie dich aus ihren Listen streichen!« – B: »Es ist das einzige Mittel, um an dem Vorrecht der Toten teilzuhaben.« – A: »An welchem Vorrecht?« – B: »Nicht mehr zu sterben.«

Werde ich mich ausblasen, um nicht auszubrennen?

Die Jahre während und vor allem nach dem Zarathustra [waren] ein Notstand ohnegleichen. Man büßt es teuer, unsterblich zu sein: Man stirbt dafür mehrere Male bei Lebzeiten.

Der natürliche Tod ist der Selbstmord der Natur.

Rache

Wer gegen Personen bescheiden ist, zeigt gegen Sachen (Stadt, Staat, Gesellschaft, Zeit, Menschheit) um so stärker seine Anmaßung. Das ist seine Rache.

Jedermann wird sich rächen, er sei denn ehrlos oder voll Verachtung oder voll Liebe gegen den Schädiger und Beleidiger. Auch (...) Strafe ist Rache.

Die Verachtung der Rache [wird] als eine sublime, sehr empfindliche Rache gedeutet und empfunden.

Moderne Kunst

[Die Griechen] führte der Selbstgenuß zur Kunst, diese unsere Zeitgenossen – der Selbstverdruß.

Der Künstler (...) von ganz modernem Schlag kommt in voller Verachtung gegen das traumselige Tasten und Reden seines edleren Genossen daher und führt die ganze kläffende Meute zusammengekoppelter Leidenschaften und Scheußlichkeiten am Strick mit sich, um sie nach Verlangen auf die modernen Menschen loszulassen: Diese wollen ja lieber gejagt, verwundet und zerrissen werden, als mit sich selber in der Stille beisammenwohnen zu müssen. Mit sich selber! – dieser Gedanke schüttelt die modernen Seelen, das ist ihre Angst und Gespensterfurcht.

Vielleicht daß niemals früher die Kunst so tief und seelenvoll erfaßt wurde wie jetzt, wo die Magie des Todes dieselbe zu umspielen scheint. (...) Das Beste an uns ist vielleicht aus Empfindungen früherer Zeiten vererbt, zu denen wir jetzt auf unmittelbarem Wege kaum mehr kommen können; die Sonne ist schon hinuntergegangen, aber der Himmel unseres Lebens glüht und leuchtet noch von ihr her, ob wir sie schon nicht mehr sehen.

AG
MUR

Volk und Masse

Alle Menschen zerfallen, wie zu allen Zeiten so auch jetzt noch, in Sklaven und Freie; denn wer von seinem Tag nicht zwei Drittel für sich hat, ist ein Sklave, er sei übrigens wer er wolle: Staatsmann, Kaufmann, Beamter, Gelehrter.

Die Massen scheinen mir nur in dreierlei Hinsicht einen Blick zu verdienen: Einmal als verschwimmende Kopien der großen Männer, auf schlechtem Papier und mit abgenutzten Platten hergestellt, sodann als Widerstand gegen die Großen, und endlich als Werkzeuge der Großen; im übrigen hole sie der Teufel und die Statistik!

Pfui! Ihr wollt in ein System hinein, wo man entweder Rad sein muß, voll und ganz, oder unter die Räder gerät.

Arm, fröhlich und Sklave! – das ist auch möglich – und ich wüßte den Arbeitern der Fabrik-Sklaverei nichts Besseres zu sagen: gesetzt, sie empfinden es nicht überhaupt als Schande, dergestalt, wie es geschieht, als Schrauben einer Maschine und gleichsam als Lückenbüßer der menschlichen Erfindungskunst verbraucht zu werden!

Diverses

Dies alles bin ich, will ich sein, Taube zugleich, Schlange und Schwein!

Personen, welche eine Sache in aller Tiefe erfassen, bleiben ihr selten auf immer treu. Sie haben eben die Tiefe ans Licht gebracht: da gibt es immer viel Schlimmes zu sehen.

Ich bin der Anti-esel par excellence und damit ein welthistorisches Untier.

Ich kenne keine andere Art, mit großen Aufgaben zu verkehren als das Spiel: Dies ist, als Anzeichen der Größe, eine wesentliche Voraussetzung.

Regierung / Staat / Bürger

Was besaß bis jetzt die überzeugendste Beredsamkeit? Der Trommelwirbel: und solange die Könige diesen in der Gewalt haben, sind sie immer noch die besten Redner und Volksaufwiegler.

Auch törichte Gesetze geben Freiheit und Ruhe des Gemüts, sofern sich nur viele ihnen unterworfen haben.

Der Staat ist eine kluge Veranstaltung zum Schutz der Individuen gegeneinander: Übertreibt man seine Veredelung, so wird zuletzt das Individuum durch ihn geschwächt, ja aufgelöst, also der ursprüngliche Zweck des Staates am gründlichsten vereitelt.

Der gefährlichste Anhänger ist *der*, dessen Abfall die ganze Partei vernichten würde: also der beste Anhänger.

MUR

Literatur

Der Dichter führt seine Gedanken festlich daher, auf dem Wagen des Rhythmus: gewöhnlich deshalb, weil diese zu Fuß nicht gehen können.

Jedes Wort ist ein Vorurteil.

Die meisten Denker schreiben schlecht, weil sie uns nicht nur ihre Gedanken, sondern auch das Denken der Gedanken mitteilen.

Gute Leser machen ein Buch immer besser und gute Gegner klären es ab.

Die schlechtesten Leser sind die, welche wie plündernde Soldaten verfahren: sie nehmen sich einiges, was sie brauchen können, heraus, beschmutzen und verwirren das Übrige und lästern auf das Ganze.

Alle Dichter und Schriftsteller, welche in den Superlativ verliebt sind, wollen mehr als sie können.